Impressum
Verlag: BABADADA GmbH, Nedderfeld 112 , 22529 Hamburg
Geschäftsführer / Verlagsleitung: Harald Hof
Druck: Books on Demand GmbH, In de Tarpen 42, 22848 Norderstedt

Imprint
Publisher: BABADADA GmbH, Nedderfeld 112 , 22529 Hamburg, Germany
Managing Director / Publishing direction: Harald Hof
Print: Books on Demand GmbH, In de Tarpen 42, 22848 Norderstedt

escola

lekol

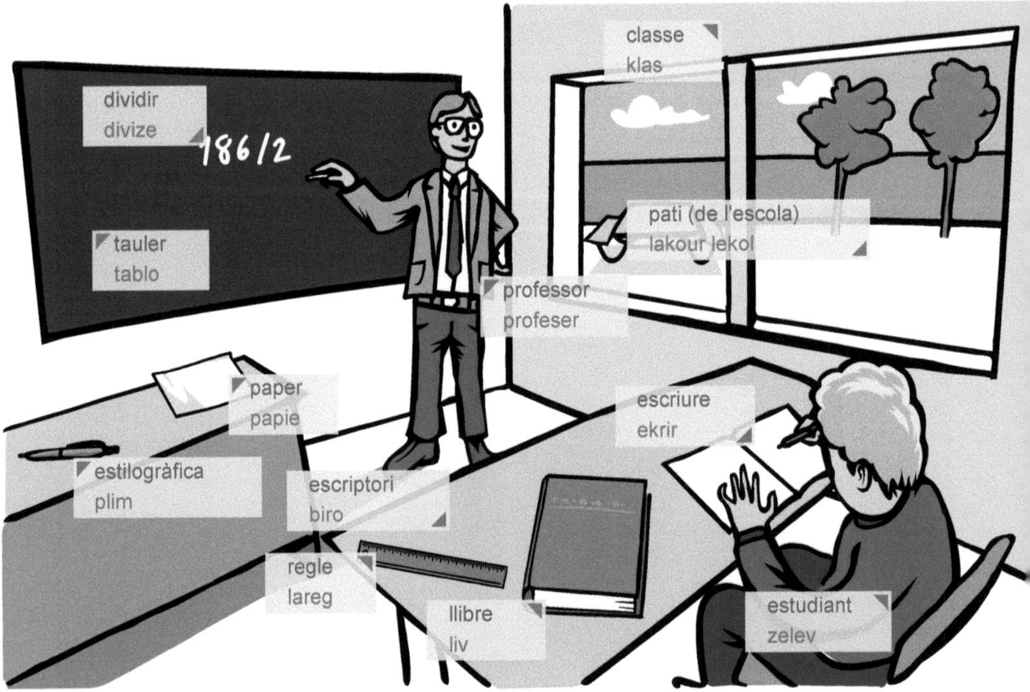

classe
klas
dividir
divize
186/2
tauler
tablo
pati (de l'escola)
lakour lekol
professor
profeser
paper
papie
escriure
ekrir
estilogràfica
plim
escriptori
biro
regle
lareg
llibre
liv
estudiant
zelev

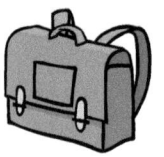

bossa

sak lekol

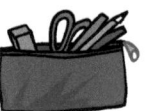

estoig

plimie

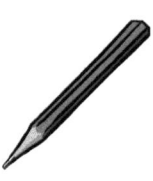

llapis

kreyon

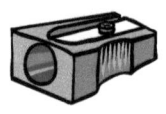

maquineta de fer punta

egizwar

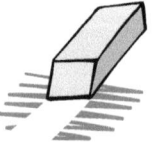

goma

gom

bloc de dibuix

kaye desin

dibuix
desin

pinzell
pinso

capsa de pintures
bwat lapintir

tisores
sizo

cola
lakol

quadern d'exercicis
kaye devwar

deures
devwar

nombre
nimero

2+2

afegir
azoute

sostreure
retire

multiplicar
miltipliye

calcular
kalkile

A

lletra
let

ABCDEFG
HIJKLMN
OPQRSTU
VWXYZ

alfabet
alfabet

mot
mo

text
text

llegir
lir

guix
lakre

lliçó
leson

llibre de classe
rezis

examen
lexame

certificat
sertifika

uniforme escolar
iniform lekol

formació
ledikasion

enciclopèdia
lansiklopedi

universitat
liniversite

microscopi
mikroskop

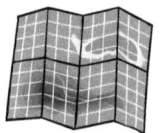

mapa
map

paperera
poubel

viatge
vwayaz

hotel
lotel
Grand
alberg
loberz
ROOMS
oficina de canvi
biro sanz
EXCHANGE
maleta
valiz
automòbil
loto

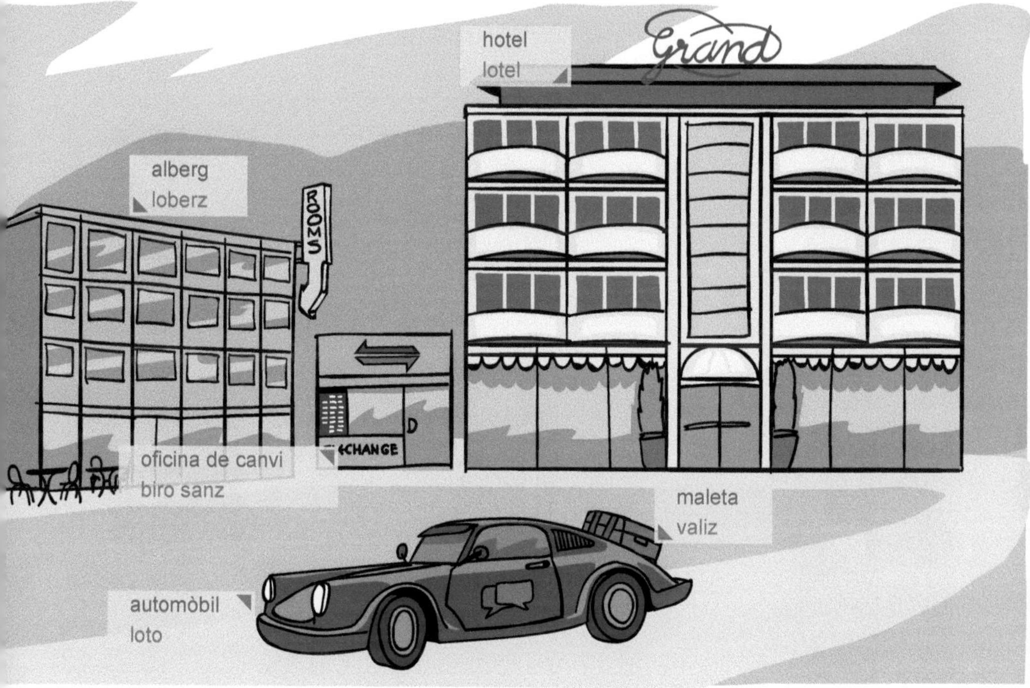

llengua

langaz

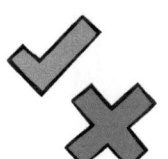

sí / no

wi / non

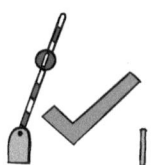

D'acord

okay

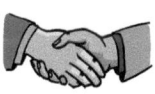

Ey!

Alo

traductora

tradikter

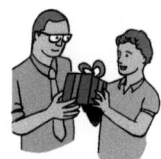

gràcies

Mersi

Quant costa… ?

komie sa..?

No entenc

Mo pa pe konpran

problema

problem

Bona nit!

Bonswar!

bon dia!

Bonzour!

bona nit!

Bonn nwi!

fins aviat

o-revwar

direcció

direksion

bagatge

bagaz

bossa

sak

sarrona

sak-a-do

convidat

ot

cambra

pies

sac de dormir

sak kousaz

tenda

latant

oficina de turisme

lofis tourism

platja

laplaz

carta de crèdit

kart kredi

esmorzar

ti-dezene

dinar

dezene

sopar

dine

bitllet

biye

ascensor

lasanser

segell

tem

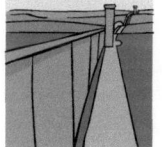

frontera

frontier

duana

ladwann

ambaixada

lanbasad

visat

viza

passaport

paspor

transport
transpor

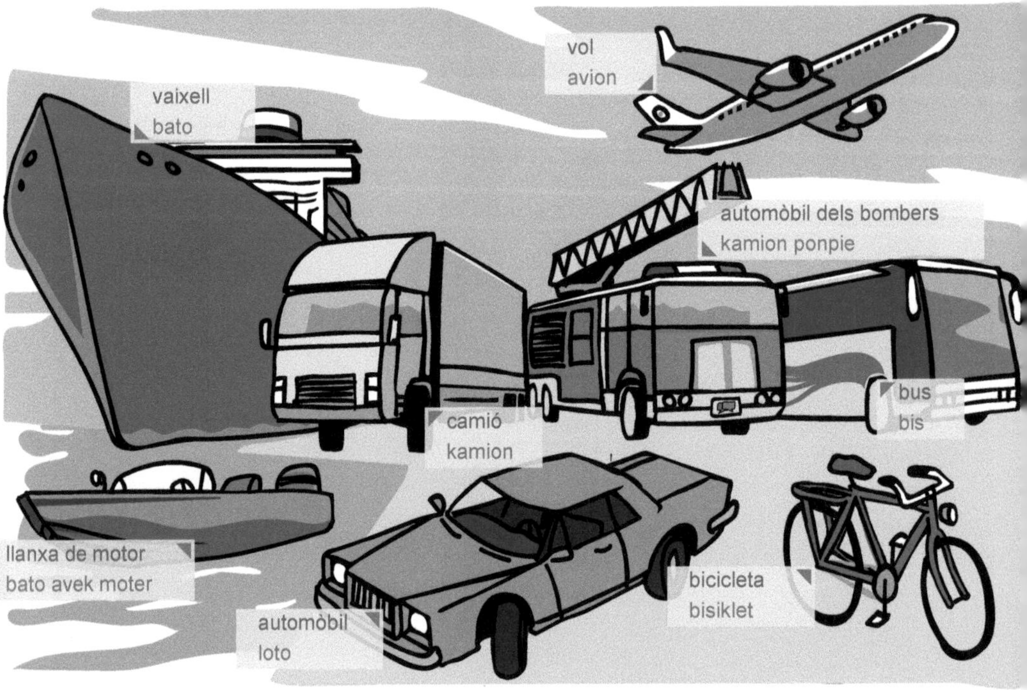

vaixell
bato
vol
avion
automòbil dels bombers
kamion ponpie
camió
kamion
bus
bis
llanxa de motor
bato avek moter
automòbil
loto
bicicleta
bisiklet

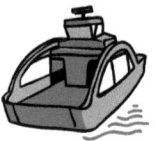

transbordador

feri

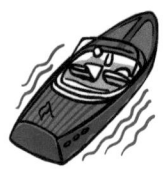

barca

bato

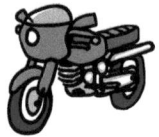

moto

motosiklet

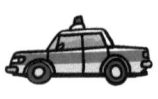

automòbil de policia

loto lapolis

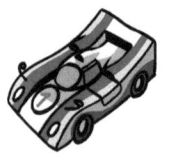

automòbil de curses

loto lekours

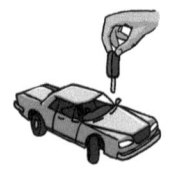

automòbil de lloguer

loto lokasion

vehicle compartit

ko-vwatiraz

grua

kamion towing

camió de les escombraries

kamion salte

motor

moter

benzina

lesans

benzineria

filing

senyal de trànsit

pano indikasion

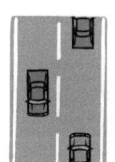

trànsit

trafik

embús

anbouteyaz

aparcament

parking

estació de trens

stasion trin

vies

ray

tren

trin

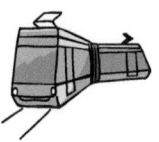

tramvia

tram

vagó

vagon

helicòpter

elikopter

aeroport

aeropor

torre

towing

passatger

pasaze

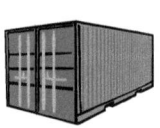

contenidor

kontener

capsa de cartó

karton

carretó

sario

cistella

panie

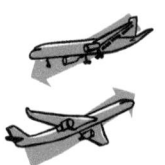

enlairar-se / aterrar

dekole / aterir

ciutat
lavil

poble

vilaz

centre de la ciutat

sant-vil

casa

lakaz

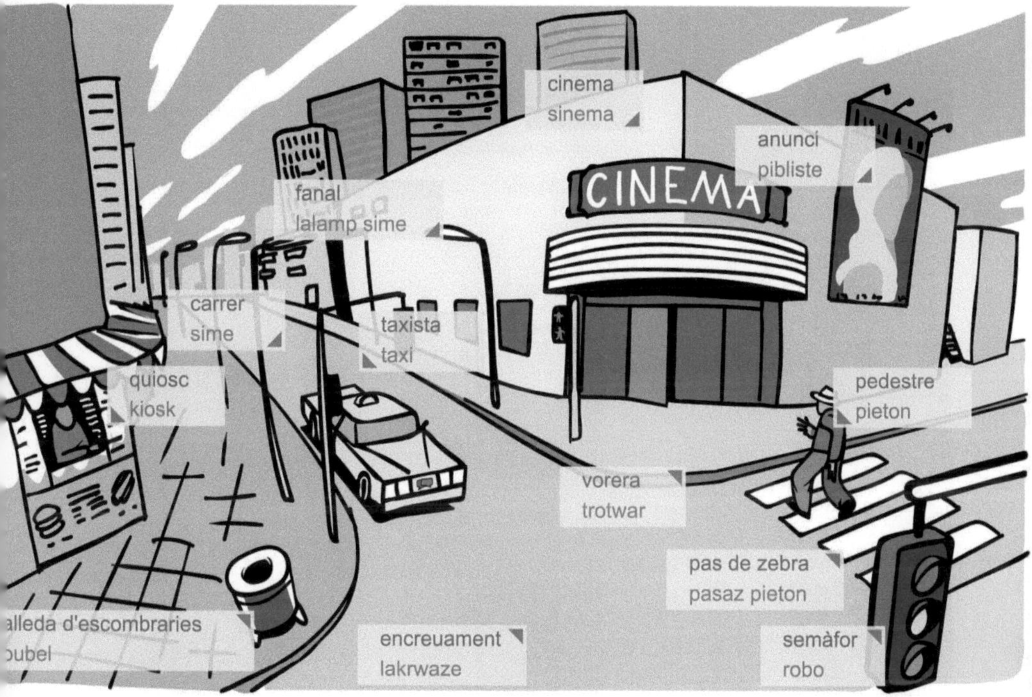

cinema
sinema

anunci
pibliste

fanal
lalamp sime

carrer
sime

taxista
taxi

CINEMA

pedestre
pieton

quiosc
kiosk

vorera
trotwar

pas de zebra
pasaz pieton

alleda d'escombraries
bubel

encreuament
lakrwaze

semàfor
robo

cabana

kabann

apartament

flat

estació de trens

stasion trin

casa de la vila-ciutat

minisipalite

museu

mize

escola

lekol

universitat

liniversite

banca

labank

hospital

lopital

hotel

lotel

farmàcia

farmasi

oficina

biro

llibreria

libreri

botiga

magazin

floristeria

fleris

supermercat

sipermarse

mercat

bazar

gran magatzem

gran magazin

peixateria

pwasonnri

centre comercial

sant komersial

port

lepor

parc
park

banc
labank

pont
pon

escala
leskalie

metro
metro

túnel
tinel

parada d'autobús
bistop

bar
bar

restaurant
restoran

bústia de correu
bwat-a-let

senyal indicador
pano

parquímetre
parkmet

zoo
zoo

piscina
pisinn

mesquita
moske

granja
laferm

pol·lució
polision

cementiri
simitier

església
legliz

parc infantil
lespas pou zwe

temple
tanp

paisatge
peizaz

fulla
fey

cartell indicador
pano indikasion

camí
sime

prat
preri

pedra
ros

arbre
pie

excursionista
randonner

riu
larivier

gespa
lerb

flor
fler

vall
lavale

muntanya
kolinn

llac
lak

bosc
bwa

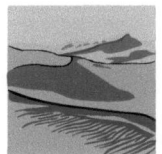

desert
dezer

volcà
volkan

castell
sato

arc de Sant Martí
larkansiel

bolet
sanpinion

palmera
palmie

moscard
moutik

mosca
mous

formiga
fourmi

abella
abey

aranya
zarenie

escarabat

koksinel

granota

grenouy

esquirol

ekirey

eriçó

erison

llebre

lapin

òliba

ibou

ocell

zwazo

cigne

sign

senglar

sangliye

cervo

serf

ant

elan

presa

dam

turbina

eolienn

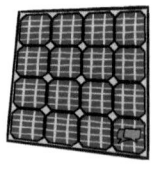

panell solar

pano soler

clima

klima

restaurant
restoran

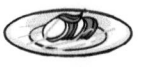

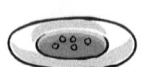

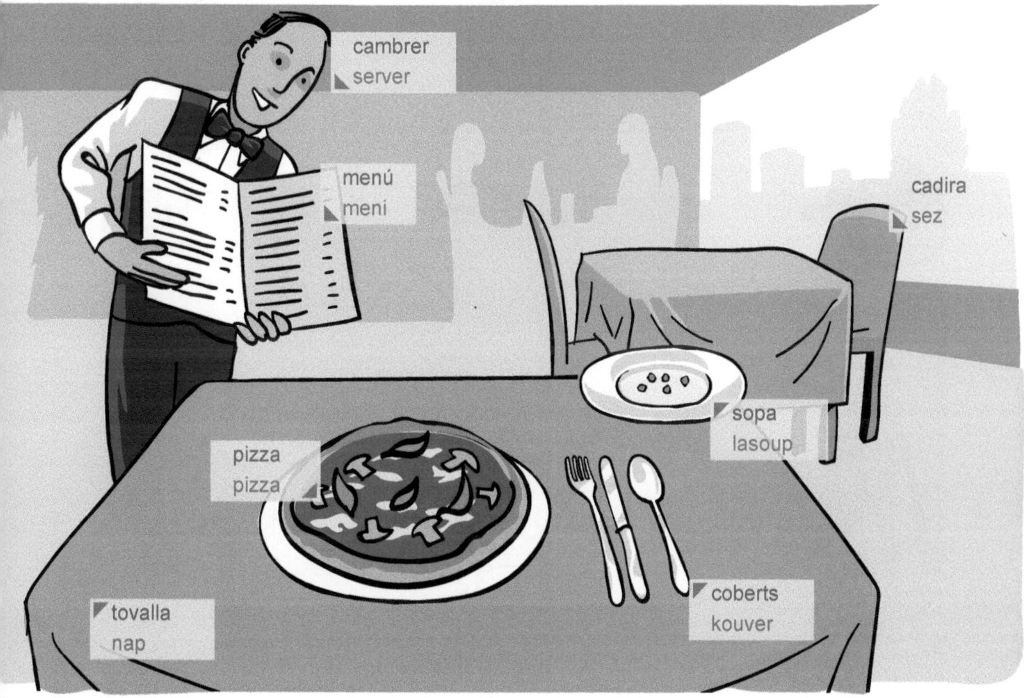
cambrer
server
menú
mení
cadira
sez
sopa
lasoup
pizza
pizza
coberts
kouver
tovalla
nap

primer plat
lantre

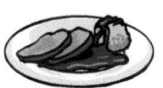

plat principal
pla prinsipal

darreries
deser

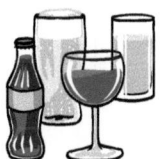

begudes
labwason

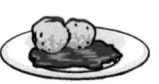

menjar
manze

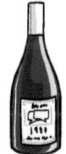

ampolla
boutey

menjar ràpid

fast food

menjar de carrer

take-away

tetera

teyer

sucrer

po disik

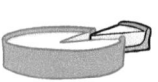

porció

porsion

màquina d'espresso

masinn expresso

trona

sez-ot

factura

bill

plata

plato

ganivet

kouto

forqueta

fourset

cullera

kwiyer

cullereta

ti-kwiyer

tovalló

serviet

got

ver

restaurant - restoran

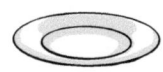

plat

lasiet

plat de sopa

lasiet

plateret

soukoup

salsa

lasos

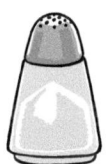

saler

po disel

molinet de pebre

moulin dipwav

vinagre

vineg

oli

delwil

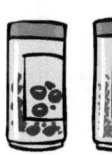

espècies

zepis

quètxup

ketchup

mostassa

lamoutard

maionesa

mayonez

supermercat

sipermarse

oferta especial
promosion
FOR
client
klian
productes lactis
prodwi a baz dile
fruites
frwi
carret de la compra
trole

BUTCHERS

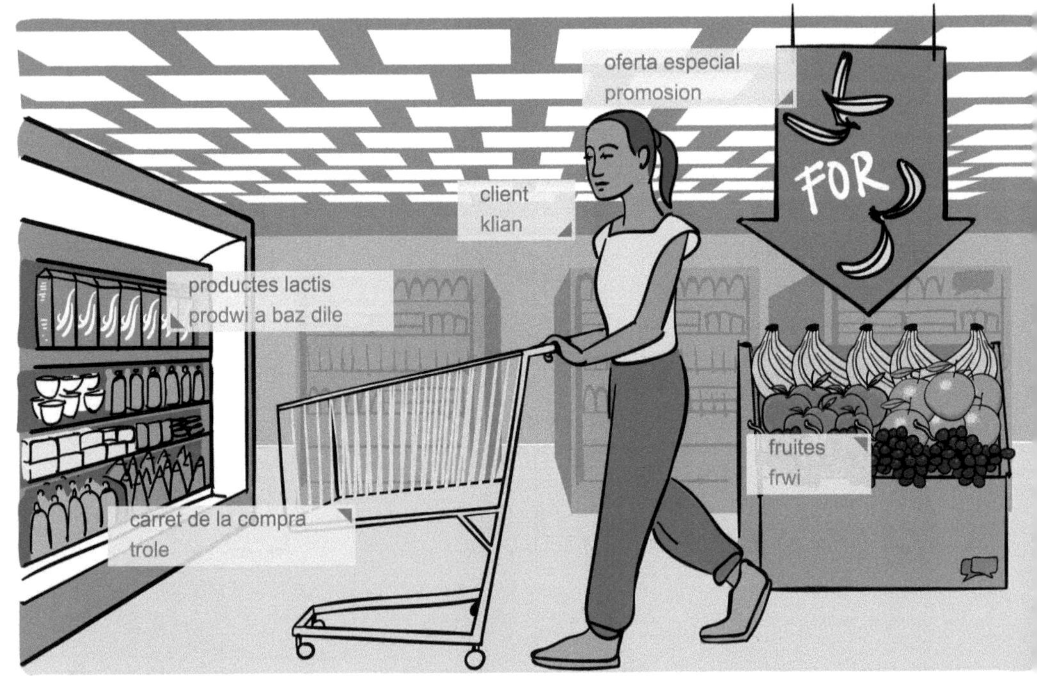

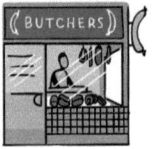

carnisseria

bousri

BAKERY

forn de pa

boulanzri

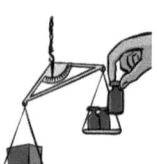

pesar

peze

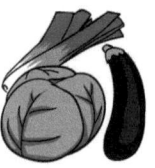

verdures

legim

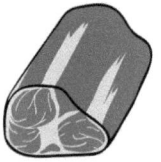

carn

laviann

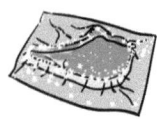

menjar congelat

aliman konzele

carn freda

sarkitri

conserves

bwat konserv

detergent en pols

lapoud masinn

dolços

bonbon

articles domèstics

komision

productes de neteja

deterzan

venedora

vandez

caixa registradora

lakes

caixera

kesie

llista de la compra

lalis komision

horari d'obertura

ouvertir

portamonedes

portfey

carta de crèdit

kart kredi

bossa

sak

bossa de plàstic

sak plastik

aigua

delo

suc

zi

llet

dile

coca-cola

coca

vi

divin

cervesa

labier

alcohol

lalkol

cacau

sokola so

te

dite

cafè

kafe

espresso

expresso

cappuccino

cappuccino

banana

banann

poma

pom

taronja

zoranz

síndria

melon

llimona

sitron

pastanaga

karot

all

lay

bambú

banbou

ceba

zwayon

bolet

sanpiyon

avellanes

nwazet

fideus

minn

espaguetis

spageti

arròs

diri

amanida

salad

patates fregides

chips

patates fregides

pomdeter frir

pizza

pizza

hamburguesa

burger

entrepà

sandwich

escalopa

eskalop

cuixot

zanbon

salami

salami

salsitxa

sosis

pollastre

poul

rostit

roti

peix

pwason

flocs de civada
oatmeal

musli
muesli

cereals
kornbif

farina
lafarinn

croissant
krwasan

panet
ti-dipin

pa
dipin

torrada
dipin griye

bescuits
biskwi

mantega
diber

mató
fromaz blan

pastís
gato

ou
dizef

ou fregit
dizef frir

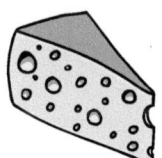

formatge
fromaz

gelat
....
sorbe

sucre
....
disik

mel
....
dimiel

melmelada
....
konfitir

crema de xocolata
....
nouga

curri
....
kari

granja
laferm

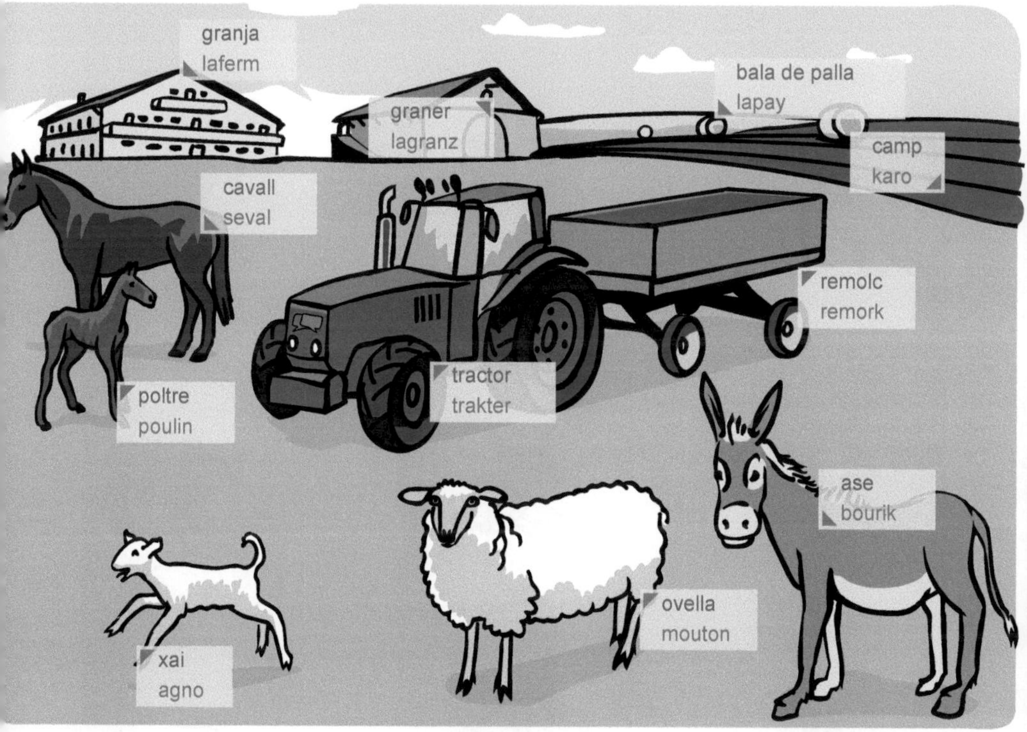
granja
laferm
graner
lagranz
bala de palla
lapay
camp
karo
cavall
seval
remolc
remork
tractor
trakter
poltre
poulin
ase
bourik
ovella
mouton
xai
agno

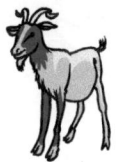

cabra

kabri

vaca

vas

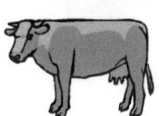

vedella

vo

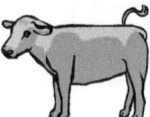

porc

koson

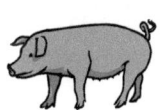

garrí

ti-koson

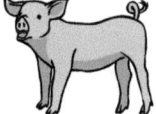

bou

toro

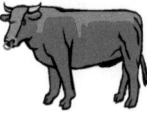

oca
lezwa

ànec
kanar

poll
pousin

gall
poul

gallina
kok

rata
lera

gat
sat

ratolí
souri

bou
bef

gos
lisien

gossera
lakaz lisien

mànega de regar
tiyo

regadora
arozwar

dalla
laserp

arada
saret

falç
fosi

aixada
pios

forca
fours

destral
lars

carretó
bouret

abeurador
kiv

lletera
bwat dile

sac
sak

tanca
fencing

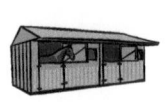

establa
letab

hivernacle
laser

sòl
later

llavor
lagrin

adob
langre

collidora
masinn pou fer rekolt

collir

rekolte

collita

rekolt

nyam

ignam

blat

dible

soja

soya

patata

pomdeter

blat de moro o d'indi

may

colza

colza

arbre fruiter

zarb frwitie

mandioca

maniok

cereals

sereal

casa
lakaz

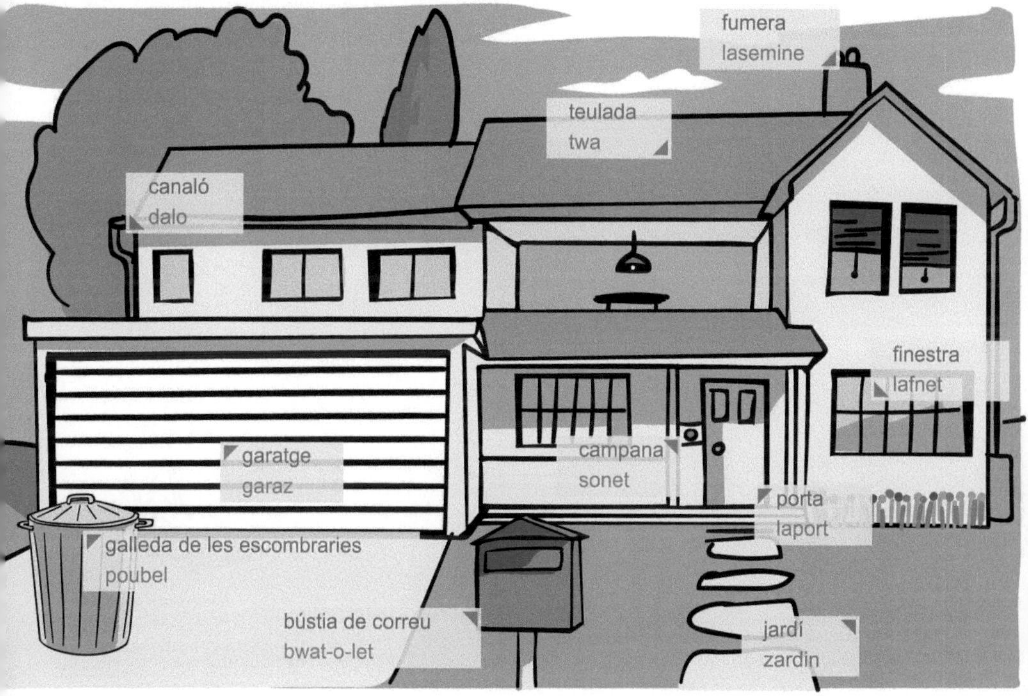
fumera
lasemine
teulada
twa
canaló
dalo
finestra
lafnet
garatge
garaz
campana
sonet
porta
laport
galleda de les escombraries
poubel
bústia de correu
bwat-o-let
jardí
zardin

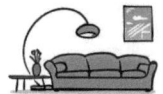

sala d'estar

salon

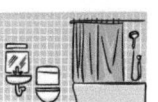

bany

saldebin

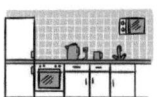

cuina

lakwizinn

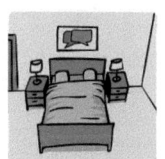

cambra de dormir

lasam

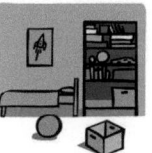

cambra de nen

lasam zanfan

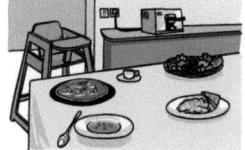

menjador

salamanze

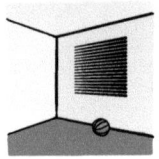

sòl
sali

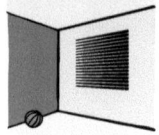

paret
miray

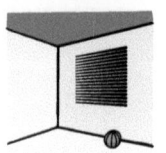

sostre
plafon

soterrani
lakav

sauna
sona

balcó
balkon

terrassa
teras

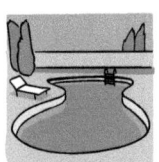

piscina
pisinn

tallagespa
masinn koup gazon

vànova
dra

cobrellit
kwet

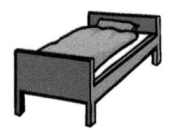

llit
lili

escombra
balie

galleda
seo

interruptor
take lalimier

sala d'estar
salon

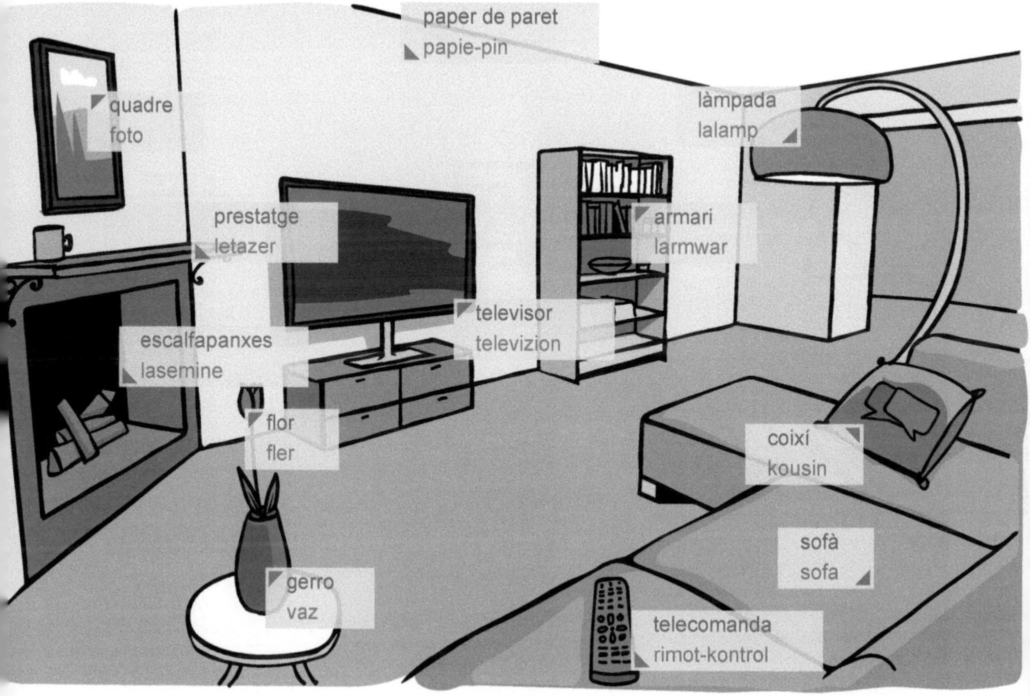
paper de paret
papie-pin
quadre
foto
làmpada
lalamp
prestatge
letazer
armari
larmwar
televisor
televizion
escalfapanxes
lasemine
flor
fler
coixí
kousin
sofà
sofa
gerro
vaz
telecomanda
rimot-kontrol

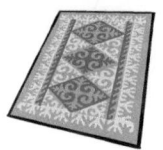

catifa

tapi

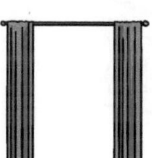

cortina

rido

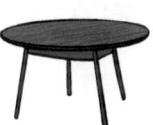

taula

latab

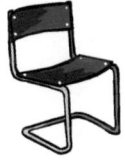

cadira

sez

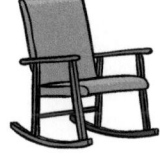

cadira gronxadora

rocking chair

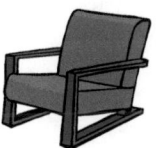

cadiral

fotey

llibre

liv

llençol

kouvertir

decoració

dekorasion

llenya

dibwa foye

film

fim

cadena de música

hi-fi

clau

lakle

diari

zournal

pintura

lapintir

cartell

poster

ràdio

radio

bloc de notes

bloknot

aspiradora

laspirater

cactus

kaktis

candela

labouzi

cuina
lakwizinn

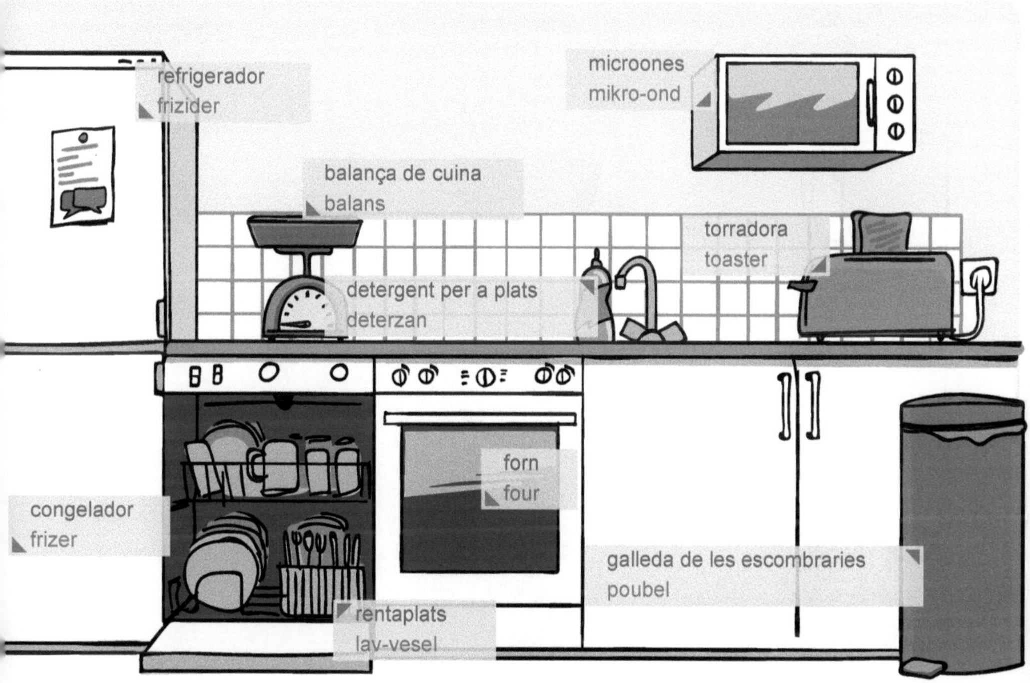

refrigerador
frizider
microones
mikro-ond
balança de cuina
balans
torradora
toaster
detergent per a plats
deterzan
forn
four
congelador
frizer
galleda de les escombraries
poubel
rentaplats
lav-vesel

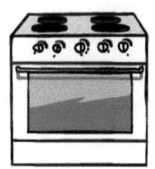

cuina de fogons

four

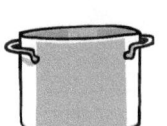

olla

kasrol

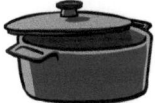

olla de ferro colat

marmit

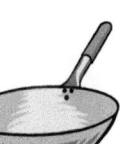

wok / karahi

wok

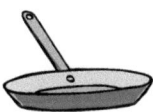

paella

pwal

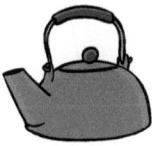

bullidor

boulwar

olla de vapor

steamer

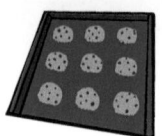

plata de forn

plak kwison

vaixella

vesel

tassa grossa

goble

bol

bol

bastonets xinesos

baget sinwa

culler

lous

espàtula

spatil

batedor

fwet

colador

paswar

sedàs

tami

ratllador

larap

morter

mortie

barbacoa

griyad

foc a terra

lasemine

taula de tallar

biyo

corró

roulo

llevataps

tirbouson

pot de conserva

bwat konserv

obridor

ouvbwat

agafador

legan proteksion

aigüera

lavabo

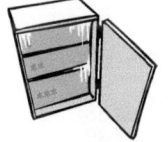

raspall

bros

esponja

leponz

batedora

blender

congelador

konzelater

biberó

bibron

aixeta

robine

bany
saldebin

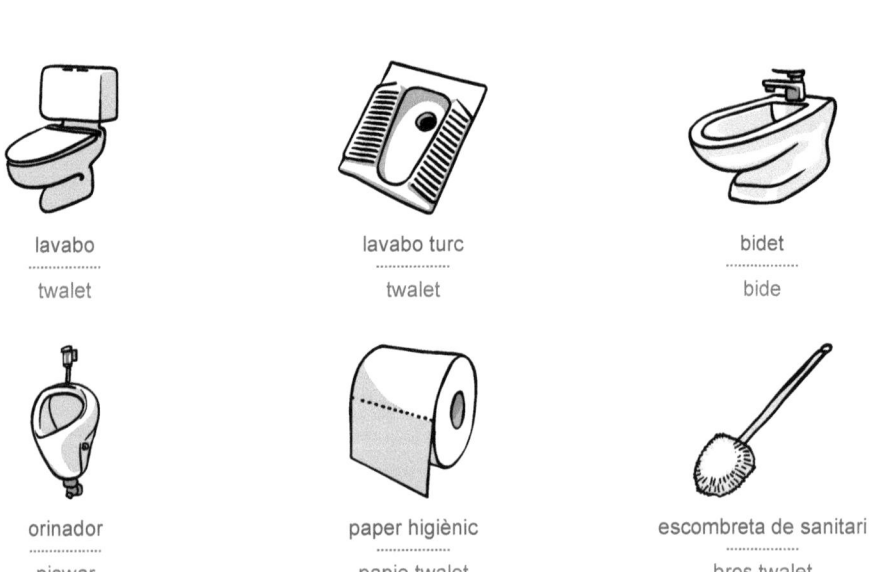

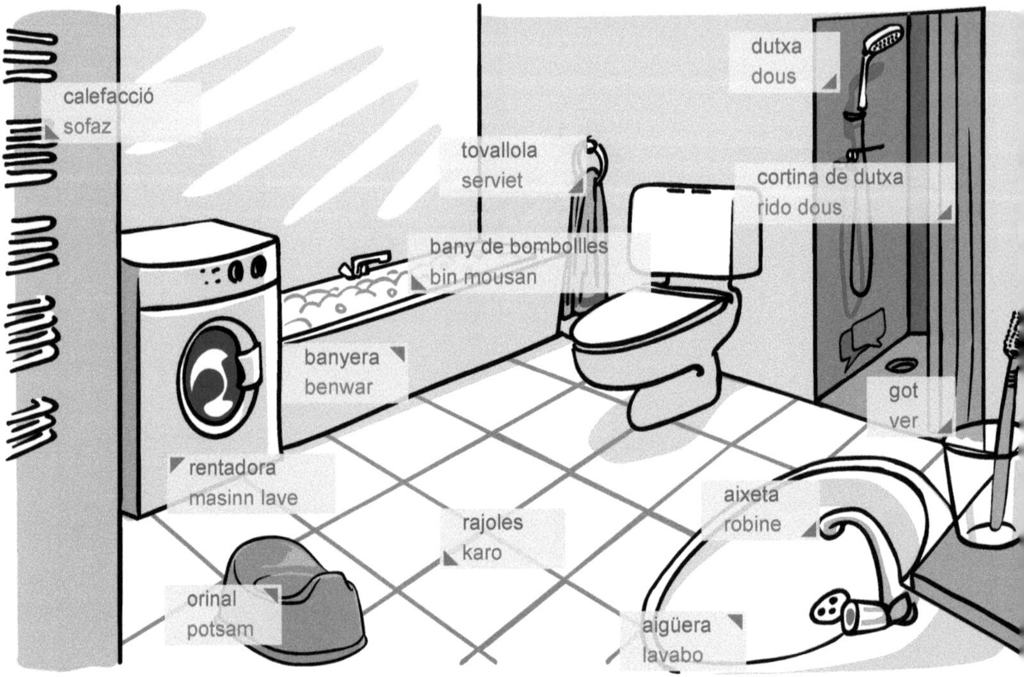
calefacció
sofaz
dutxa
dous
tovallola
serviet
cortina de dutxa
rido dous
bany de bombolles
bin mousan
banyera
benwar
got
ver
rentadora
masinn lave
aixeta
robine
rajoles
karo
orinal
potsam
aigüera
lavabo

lavabo
twalet

lavabo turc
twalet

bidet
bide

orinador
piswar

paper higiènic
papie twalet

escombreta de sanitari
bros twalet

raspall de dents

bros ledan

pasta de dents

dantifris

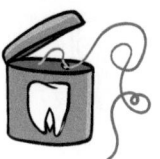

fil dental

fil danter

rentar

lave

pom de dutxa

ti-bin

dutxa íntima

dous

rentamans

basin

raspall per a l'esquena

bros ledo

sabó

savon

gel de dutxa

zel dous

xampú

sanpwin

manyopla de bany

gandebin

bonera

drin

crema

lakrem

desodorant

deodoran

mirall
mirwar

mirall-espill de mà
mirwar

maquineta de rasar
razwar

espuma de barbejar
lamous pou raze

loció post-rasada
apre-razaz

pinta
pengn

raspall
bros

eixugador
seswar

laca
lak

maquillatge
makiyaz

pintallavis
dirouz

esmalt d'ungles
verni

cotó
cotton wool

tallaungles
tay-zong

perfum
parfin

estoig de bellesa

trous twalet

tamboret

stoul

bàscula

balans

barnús

penwar

guants de goma

legan netwayaz

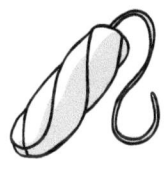

compresa higiènica

tanpon

compresa

serviet izienik

sanitari químic

twalet simik

cambra de nen
lasam zanfan

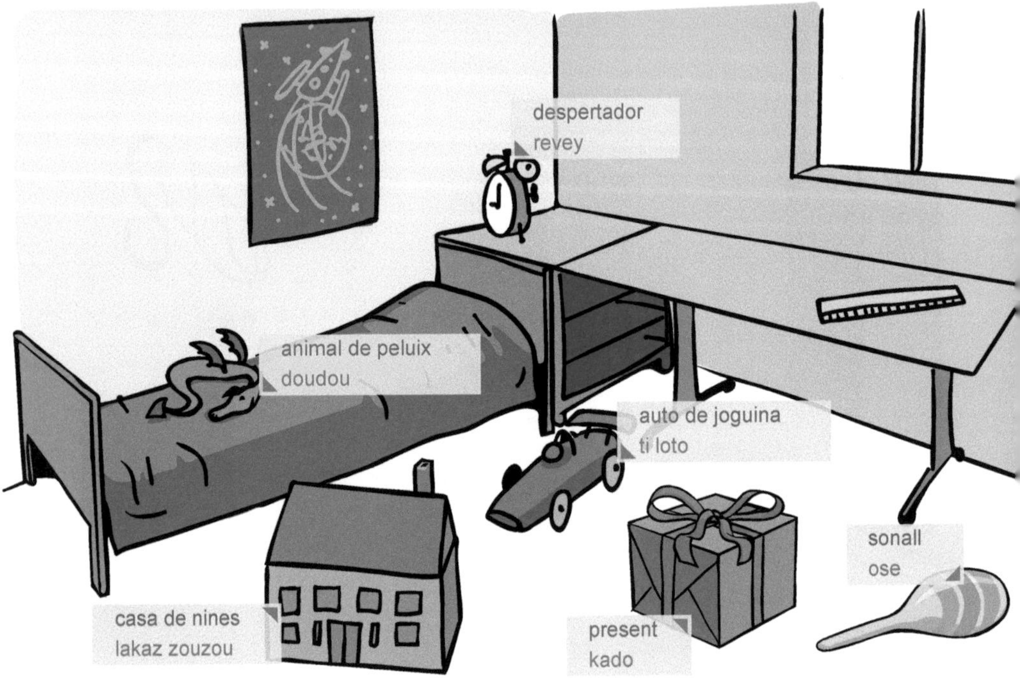
despertador
revey
animal de peluix
doudou
auto de joguina
ti loto
sonall
ose
casa de nines
lakaz zouzou
present
kado

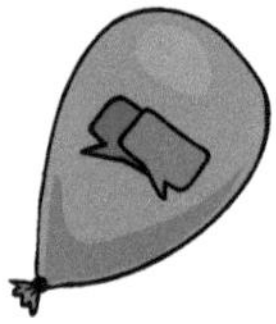

baló
balon

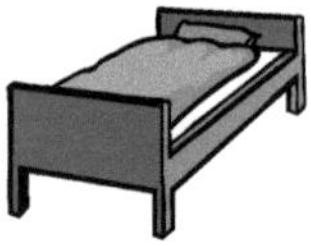

llit
lili

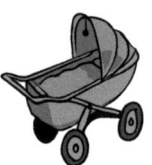

cotxet per a nens
pouset

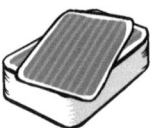

joc de cartes
kart

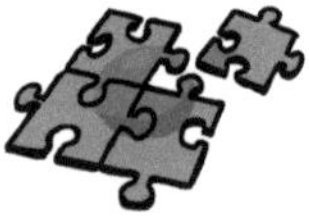

trencaclosca
puzzle

SUPER
MEGA

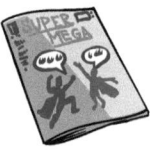

historieta
tikomik

peces de lego

lego

peces de construcció

lego

ninot d'acció

figirinn

granota

grenouyer

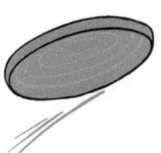

frisbee

frisbee

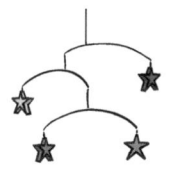

mòbil per a bressol

mobil

joc de taula

zwe

daus

lede

tren elèctric

trin zouzou

xumet

siset

festa

fet

llibre de dibuixos

liv ek zimaz

pilota

boul

nina

poupet

jugar

zwe

sorrera

bak-a-sab

gronxador

balanswar

joguines

zouzou

consola de jocs de vídeo

game

tricicle

trisik

osset de peluix

nounours

armari

larmwar

roba

linz

mitjons

soset

mitges

leba

mitja pantaló

kolan

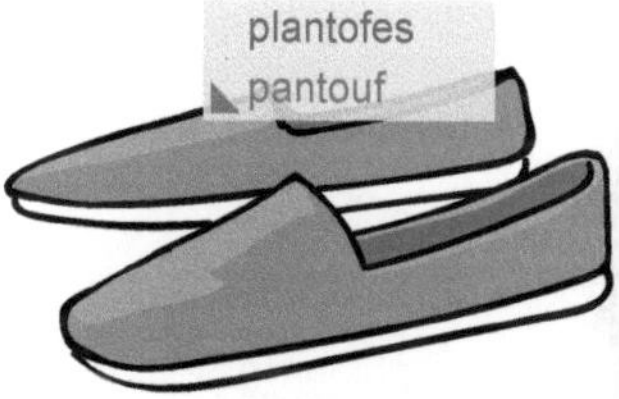

tapacoll
esarp

paraigua
parapli

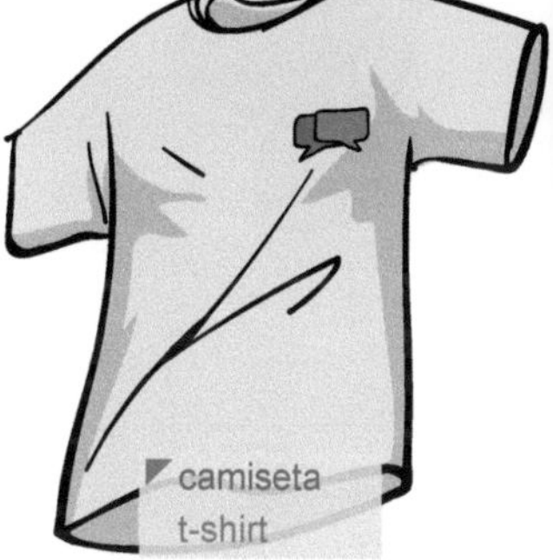

camiseta
t-shirt

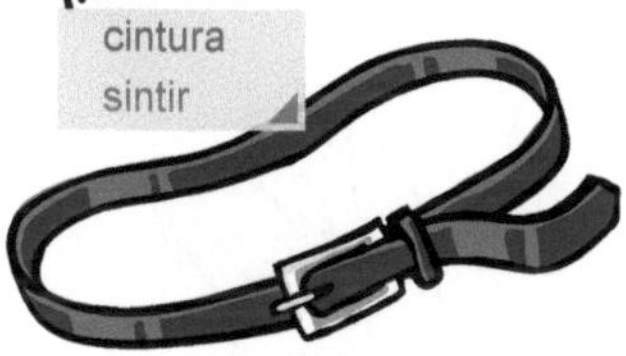

cintura
sintir

botes
bot

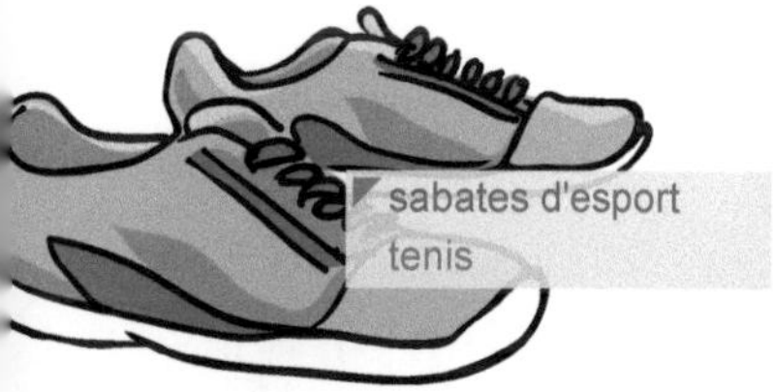

plantofes
pantouf

sabates d'esport
tenis

sandàlies
....
sandalet

sabates
....
soulie

botes de goma
....
bot an karotsou

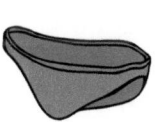

calçonets
....
souvetman

sostenidor
....
soutiengorz

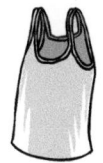

guardapits
....
vest

jjustacòs

body

pantalons

pantalon

jeans

jeans

faldeta

zip

brusa

blouz

camisa

simiz

jersei

pull-over

dessuadora

blouzon ek kapison

blazer

vest

jaqueta

jaket

mantell

manto

impermeable

pardesi

vestit de dona

kostim

vestit de dona

rob

vestit de núvia

rob lamarye

vestit d'home

kostim

camisa de dormir

robdesam

pijama

pizama

sari

sari

mocador de cap

foular

turbant

tirban

burca

bourka

caftan

kaftan

abaia

abaya

vestit de bany

mayo de bin

calçon(et)s de bany

mayo de bin

pantalons curts

sorti de sekour

xandall

linz spor

davantal

tabliye

guants

legan

botó
bouton

ulleres
linet

braçalet
brasle

collaret
kolie

anell
bag

orellera
zanon

casquet
bone

penjador
sint

capell
sapo

corbata
kravat

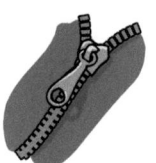

cremallera
fermetirekler

casc
elmet

elàstics
bretel

uniforme escolar
iniform lekol

uniforme
iniform

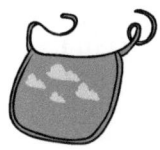

pitet

bavwar

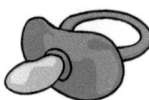

xumet

siset

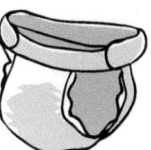

bolquer

lanz

oficina
biro

servidor
server
armari arxivador
larmwar arsiv
impressora
printer
paper
papie
monitor
lekran
escriptori
biro
ratolí
mouse
arxivador
klaser
teclat
klavie
paperera
poubel
cadira
sez
ordinador
ordinater

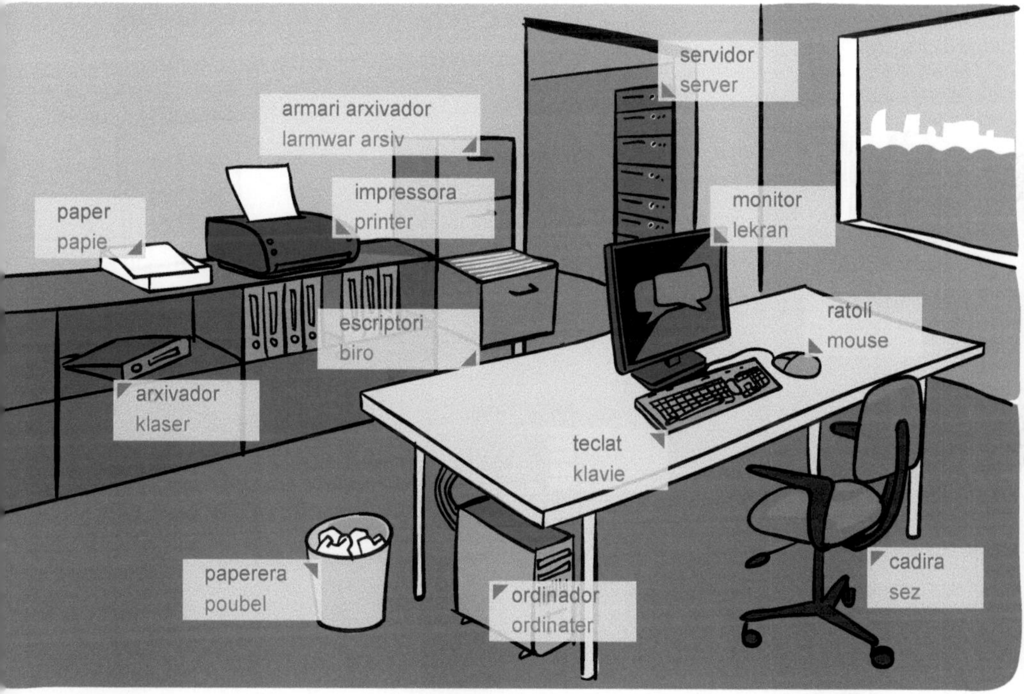

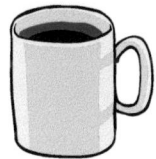

tassa de cafè

mug

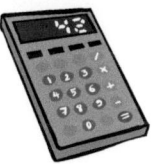

calculadora

kalkilatris

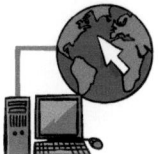

Internet

internet

ordinador portàtil

laptop

lletra

let

missatge

mesaz

mòbil

portab

xarxa

rezo

fotocopiadora

fotokopi

programari

lozisiel

telèfon

telefonn

presa de corrent

priz

fax

fax

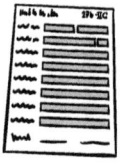

formulari

form

document

dokiman

comprar
....
aste

pagar
....
peye

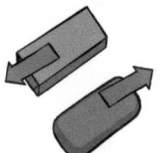

comerciar
....
fer biznes

diners
....
larzan

 **USD**

dòlar
....
dolar

 **EUR**

euro
....
euro

 **JPY**

ien
....
yen

 **RUB**

ruble
....
rouble

 **CHF**

franc suís
....
fran swis

 **CNY**

renminbi
....
renminbi yuan

 **INR**

rupia
....
roupi

caixa automàtica
....
distribiter biye

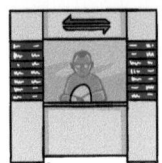

oficina de canvi

biro sanz

or

lor

argent

larzan

petroli

petrol

energia

lenerzi

preu

pri

contracte

kontra

impost

tax

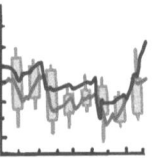

acció

aksion

treballar

travay

treballador

anplwaye

empresari

anplwayer

fàbrica

lizinn

botiga

magazin

oficis
travay

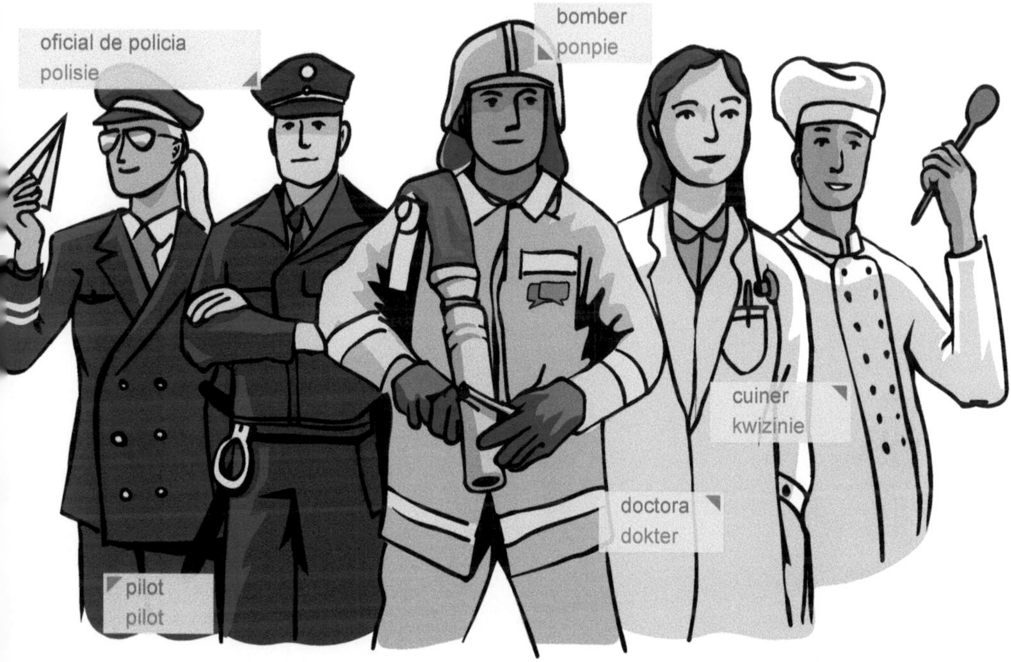
oficial de policia
polisie
bomber
ponpie
cuiner
kwizinie
doctora
dokter
pilot
pilot

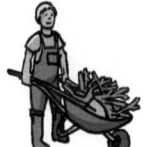

jardiner

zardinie

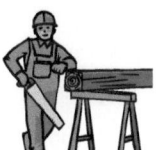

fuster

sarpantie

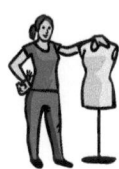

costurera

koutirier

jutge

ziz

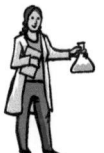

química

simis

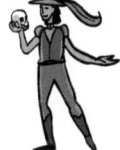

actor

akter

conductor d'autobús

sofer bis

taxista

sofer taxi

pescador

peser

dona de la neteja

bonn

ensostrador

zouvriye twa lakaz

cambrer

server

caçador

saser

pintor

pint

forner

boulanze

electricista

elektrisien

obrer de la construcció

zouvriye

enginyer

inzenier

carnisser

bouse

llanterner

plonbie

correu

fakter

soldat
solda

arquitecte
arsitek

caixera
kesie

florista
fleris

perruquer
kwafez

revisor
chek

mecànic
mekanisien

capità
kapitenn

dentista
dantis

científic
siantis

rabí
rabi

imam
imam

monjo
mwann

capellà
pret

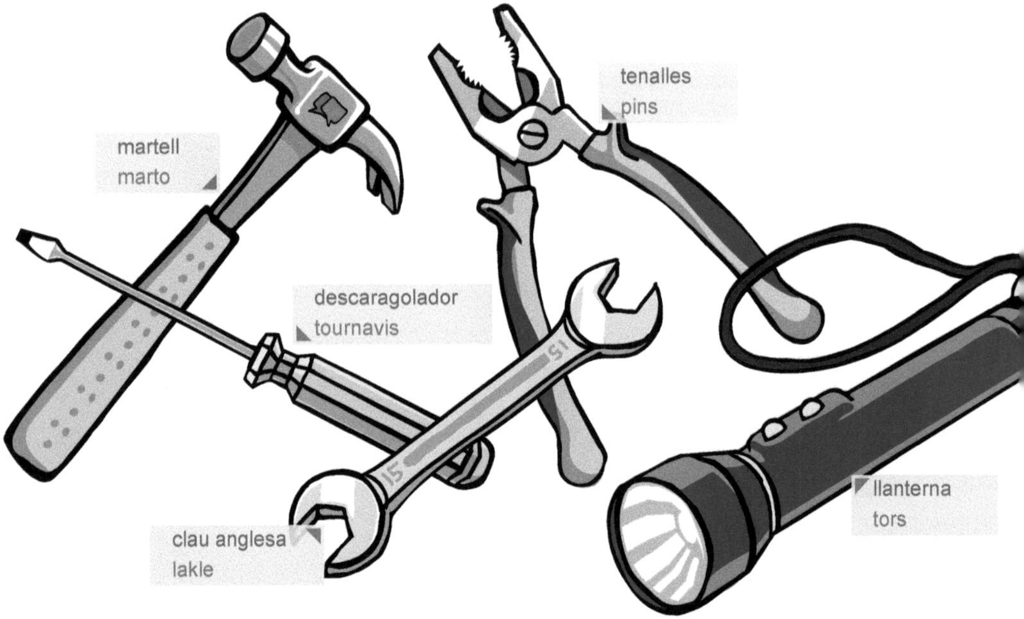

martell
marto

tenalles
pins

descaragolador
tournavis

clau anglesa
lakle

llanterna
tors

excavadora

peltez

caixa d'eines

bwat zouti

escala

lesel

serra

lasi

claus

koulou

trepant

persez

reparar
aranze

pala
lapel

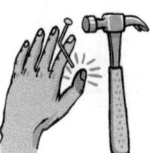

Maleït siga!
Ayo!

pala
lapel

pot de pintura
po lapintir

caragols
vis

instrument de música
instriman lamizik

bateria
batri

altaveu
o-parler

contrabaix
kontrebas

trompeta
tronpet

guitarra
lagitar

piano
piano

violí
violon

baix
bas

timbal
tinbal

tambor
tanbour

teclat
klavie

saxofon
saxofonn

flauta
laflit

micròfon
mikro

ZOO

ZOO

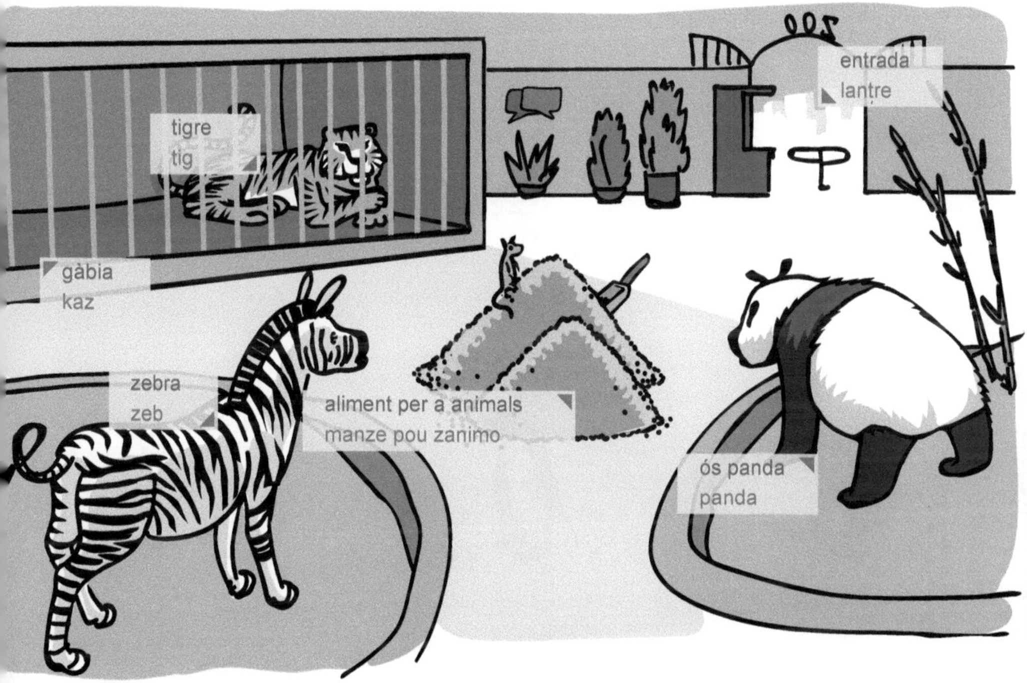
entrada
lantre
tigre
tig
gàbia
kaz
zebra
zeb
aliment per a animals
manze pou zanimo
ós panda
panda

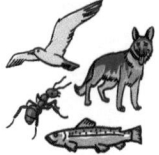

animals
zanimo

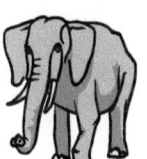

elefant
lelefan

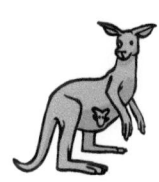

cangurú
kangourou

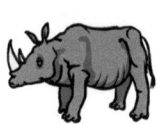

rinoceront
rinoceros

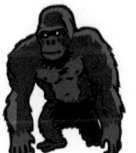

goril·la
gori

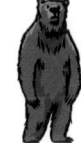

ós
lours

camell

samo

estruç

lotris

lleó

lion

simi

zako

flamenc

flaman roz

papagai

peroke

ós polar

lours poler

pingüí

pingwi

ca mari

rekin

paó

pan

serp

serpan

cocodril

krokodil

guardià del zoo

gardien zoo

foca

fok

jaguar

zagwar

poni
poney

lleopard
leopar

hipopòtam
ipopotam

girafa
ziraf

àliga
leg

senglar
sangliye

peix
pwason

tortuga
torti

morsa
mors

guineu
renar

gasela
gazel

futbol americà
foutborl ameriken

ciclisme
siklism

tenis
tenis

bàsquet
basketball

natació
natasion

boxa
labox

hoquei sobre gel
oke lor gazon

futbol americà
foutborl

bàdminton
badminton

atletisme
atletism

handbol
handball

esquí
ski

polo
polo

activitats
aktivite

saltar
sote
abraçar
maye
riure
riye
anar
marse
cantar
sante
somiar
reve
pregar
priye
fer un petó
anbrase

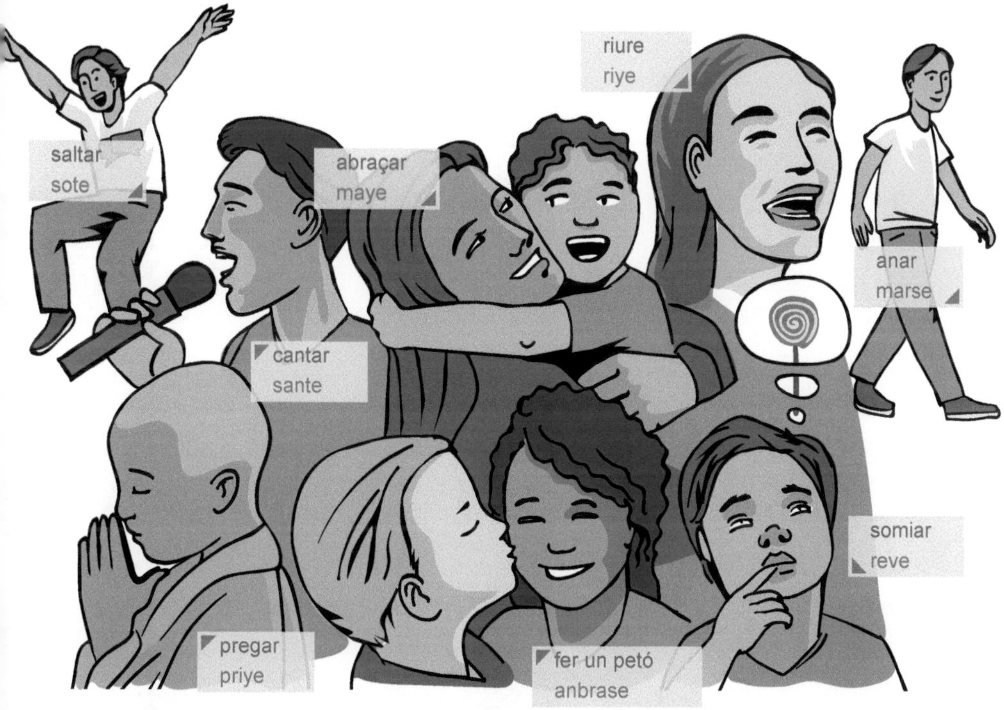

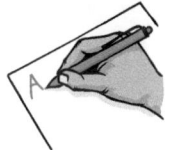

escriure

ekrir

dibuixar

desine

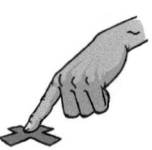

mostrar

montre

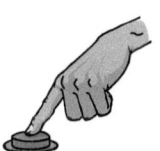

pitjar

pouse

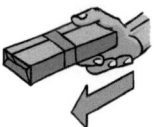

donar

done

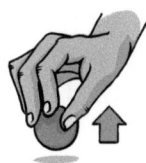

prendre

pran

tenir

ena

fer

fer

ésser

ete

estar dret

diboute

córrer

galoupe

estirar

rise

llançar

zete

caure

tonbe

jeure

alonze

esperar

atann

portar

amene

asseure's

asize

vestir-se

abiye

dormir

dormi

despertar-se

leve

mirar
gete

plorar
plore

amoixar
karese

pentinar
pengne

parlar
koze

comprendre
konpran

demanar
dimande

escoltar
ekoute

beure
bwar

menjar
manze

endreçar
netwaye

estimar
kontan

cuinar
kwi

conduir
kondir

volar
anvole

navegar

fer lavwal

calcular

kalkile

llegir

lir

aprendre

aprann

treballar

travay

casar-se

marye

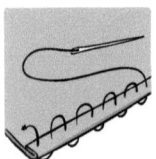

cosir

koud

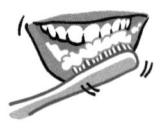

raspallar-se les dents

bros ledan

matar

touye

fumar

fime

enviar

avoye

àvia
granmer

avi
granper

pare
papa

mare
mama

nadó
ti-baba

filla
tifi

fill
garson

convidat
ot

tia
matant

oncle
tonton

germà
frer

germana
ser

cos
lekor

front
fron
ull
lizie
espatlla
zepol
dit
ledwa
cara
figir
barbeta
manton
mà
lame
cama
lazam
pit
tete
braç
lebra

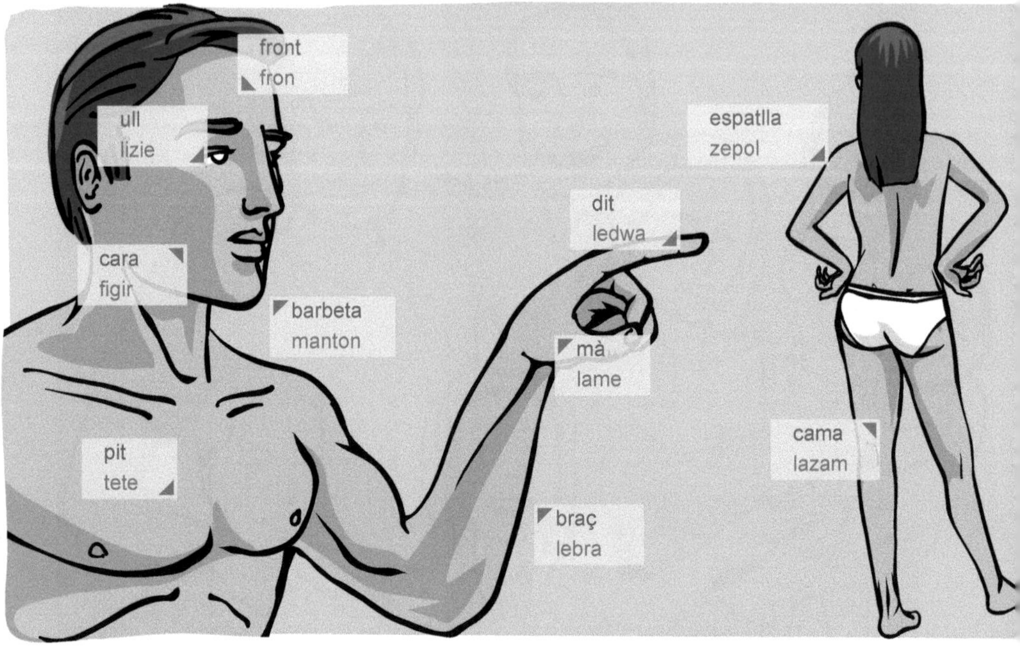

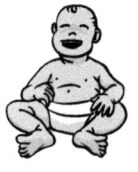

nadó

ti-baba

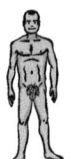

home

zom

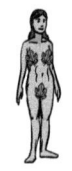

dona

fam

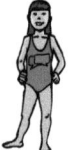

noia

tifi

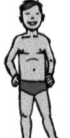

noi

ti-garson

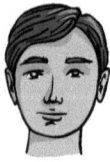

cap

latet

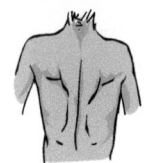

esquena
ledo

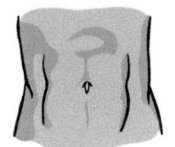

panxa
vant

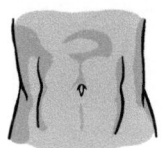

melic
lonbri

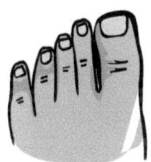

dit gros del peu
zortey

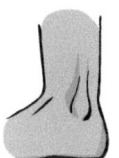

taló
talon

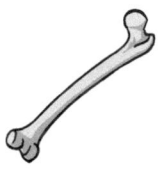

os
lezo

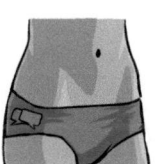

maluc
laans

genoll
zenou

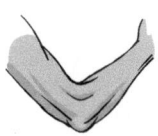

colze
koud

nas
nene

cul
fes

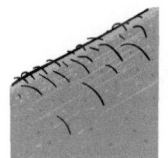

pell
lapo

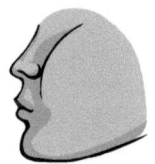

galta
lazou

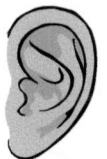

orella
zorey

llavi
lalev

boca

labous

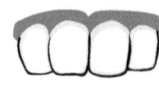

dent

ledan

llengua

lalang

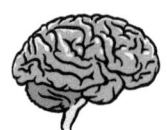

cervell

servo

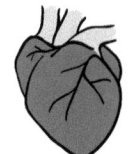

cor

leker

múscul

mix

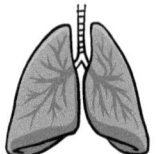

pulmó

poumon

fetge

lefwa

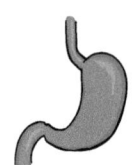

estómac

lestoma

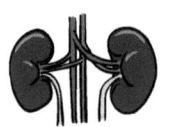

ronyó

lerin

relació sexual

sex

preservatiu

kapot

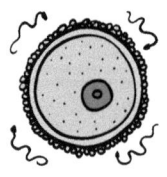

ovari

ovil

semen

sperm

prenyat

groses

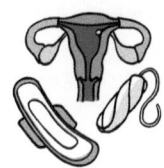

menstruació
....
period

vagina
....
vazin

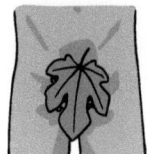

penis
....
penis

cella
....
soursi

cabells
....
seve

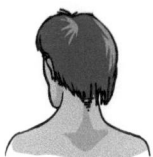

coll
....
likou

hospital
lopital

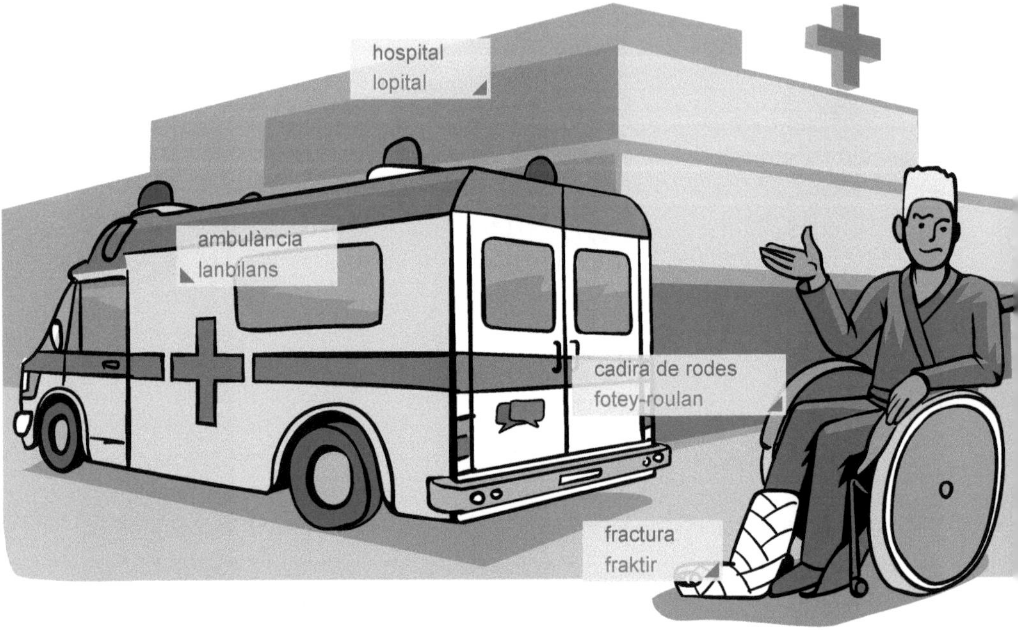

hospital
lopital
ambulància
lanbilans
cadira de rodes
fotey-roulan
fractura
fraktir

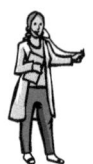

doctora
dokter

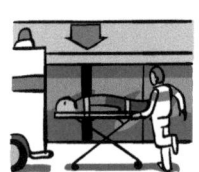

sala d'urgències
servis irzans

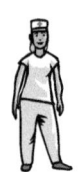

infermera
ners

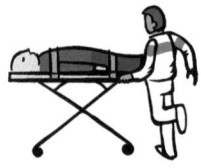

urgència
irzans

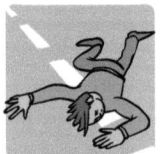

inconscient
inkonsian

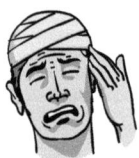

dolor
douler

ferida

blesir

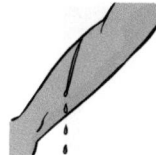

sagnament

emorazi

atac de cor

kriz kardiak

apoplexia

atak serebral

al·lèrgia

alerzik

tos

touse

febre

lafiev

gripa

lagrip

diarrea

diare

mal de cap

malad latet

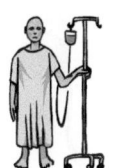

càncer

kanser

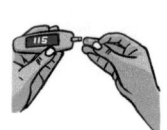

diabetis

diabet

cirurgià

sirirzien

escalpel

skalpel

operació

operasion

tomografia computada (TC), TAC
....
CT

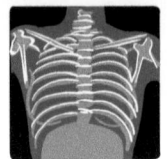

raigs x
....
x-ray

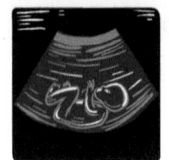

ultrasò
....
iltrason

mascareta
....
mask

malaltia
....
maladi

sala d'espera
....
sal-datant

crossa
....
beki

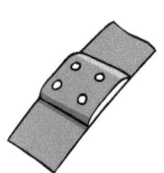

tireta
....
pansman

embenat
....
bandaz

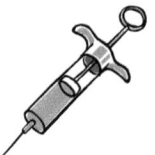

injecció
....
inzeksion

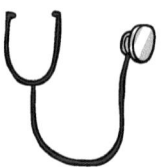

estetoscopi
....
stetoskop

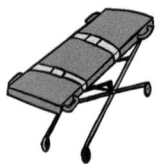

llitera
....
brankar

termòmetre clínic
....
termomet

pariment
....
nesans

sobrepès
....
sirpwa

aparell auditiu

laparey oditif

desinfectant

dezinfektan

infecció

infeksion

virus

viris

VIH / SIDA

HIV / SIDA

medicina

medsinn

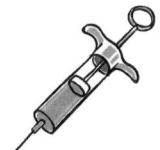

vaccí

vaksinasion

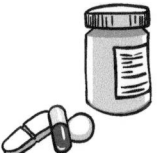

comprimits

konprime

píl·lola

pilil kontraseptif

trucada d'urgència

korl irzans

tensiòmetre

laparey tansion

malalt / sà

malad / bien

Socors!

o-sekour

alarma

alarm

assalt

atak

atac

atak

perill

danze

sortida-eixida d'urgència

sorti de sekour

Foc!

Dife!

extintor

laponp dife

accident

aksidan

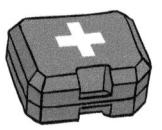

farmaciola de primers auxilis

kit first aid

SOS

SOS

policia

lapolis

Europa

Ierop

Amèrica del Nord

Lamerik di nor

Amèrica del Sud

Lamerik di sid

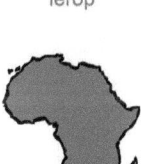

Àfrica

Iafrik

Àsia

Iazi

Austràlia

Iostrali

Atlàntic

Iatlantik

Pacífic

pasifik

Oceà Índic

Iosean indien

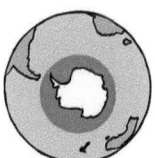

Oceà Antàrtic

Iosean antartik

Oceà Àrtic

Iosean artik

pol nord

Pol Nor

pol sud

Pol Sid

Antàrtida

lantartik

terra

later

país

later

mar

lamer

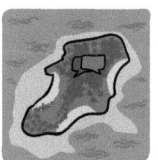

illa

zil

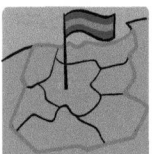

nació

nasion

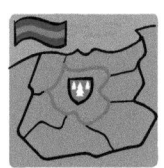

estat

leta

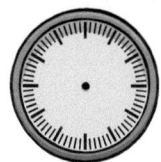

quadrant

kadran

agulla de les hores

zegwi ler

agulla dels minuts

zegwi minit

agulla dels segons

zegwi segonn

Quina hora és?

ki ler la ?

dia

zour

temps

letan

ara

aster-la

rellotge digital

mont dizital

minut

minit

hora

ler

setmana
lasemenn

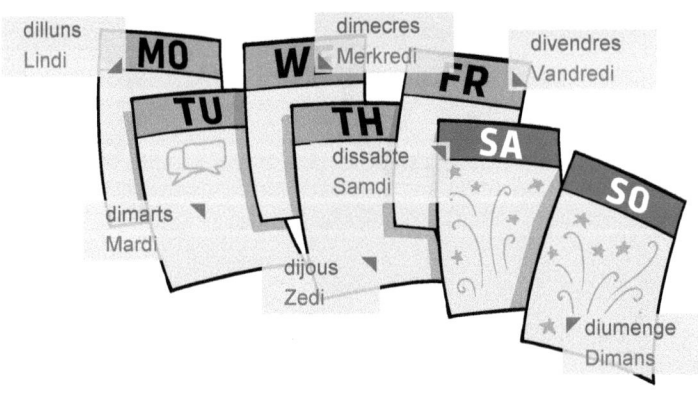

dilluns / Lindi — dimecres / Merkredi — divendres / Vandredi — MO — W — FR — TU — TH — SA — SO — dimarts / Mardi — dissabte / Samdi — dijous / Zedi — diumenge / Dimans

ahir
....
yer

avui
....
zordi

demà
....
demin

matí
....
gramatin

migdia
....
midi

tarda
....
aswar

MO	TU	WE	TH	FR	SA	SU
1	2	3	4	5	6	7
8	9	10	11	12	13	14
15	16	17	18	19	20	21
22	23	24	25	26	27	28
29	30	31	1	2	3	4

dia feiner
....
zour travay

MO	TU	WE	TH	FR	SA	SU
1	2	3	4	5	6	7
8	9	10	11	12	13	14
15	16	17	18	19	20	21
22	23	24	25	26	27	28
29	30	31	1	2	3	4

cap de setmana
....
wikenn

any
lane

arc de Sant Martí
larkansiel
pluja
lapli
neu
lanez
vent
divan[
primavera
printan
tardor
otonn
estiu
lete
hivern
liver

4.APRIL 11°
5.APRIL 4°
6.APRIL 13°
7.APRIL 8°
8.APRIL 10°

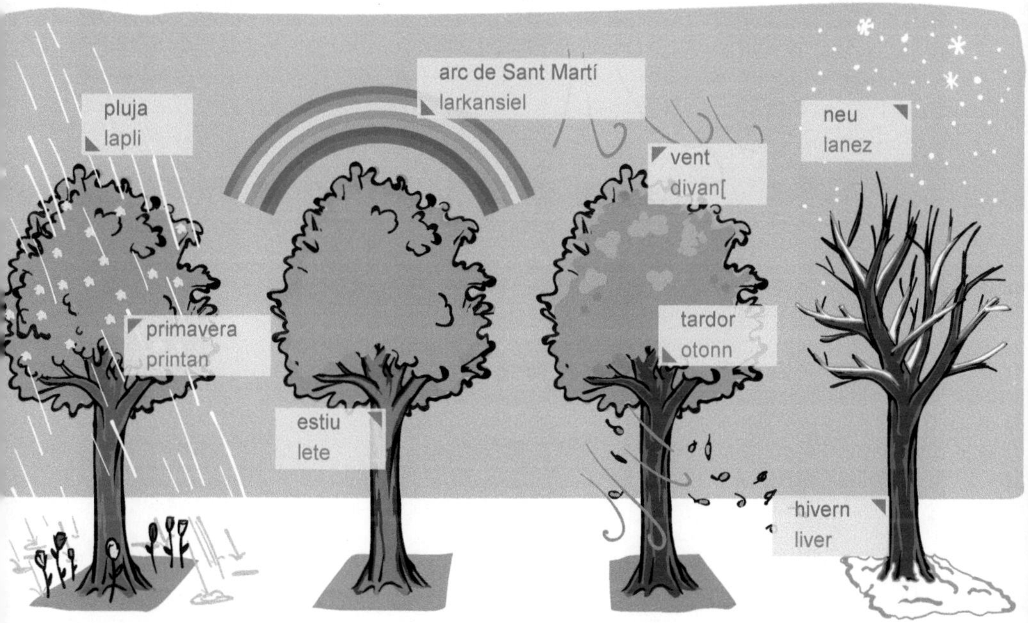

pronòstic del temps

meteo

F C
120 40
90 30
60 20
30 10
0 0
-30 -10
-20

termòmetre

termomet

llum del sol

lalimier soley

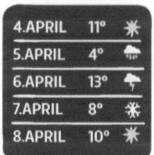

núvol

niaz

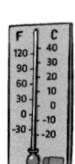

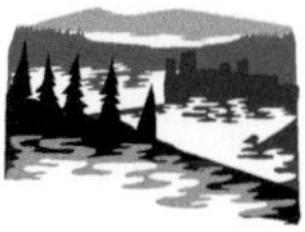

boira

brouyar

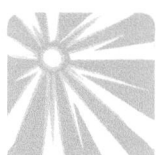

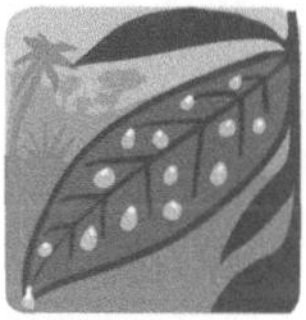

humiditat de l'aire

limidite

llamp

lafoud

tro

toner

tempesta

tanpet

calamarsa

lagrel

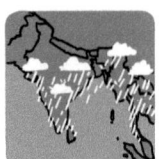

monsó

mouson

inundació

inondasion

gel

laglas

gener

Zanvie

febrer

Fevriye

març

Mars

abril

Avril

maig

Me

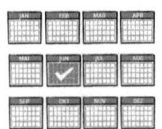

juny

Zien

juliol

Zilie

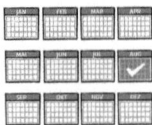

agost

Out

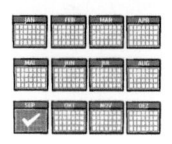

setembre
....
Septam

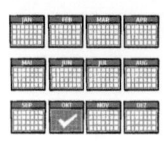

octubre
....
Oktob

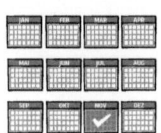

novembre
....
Novam

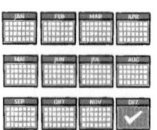

desembre
....
Desam

cercle
....
ron

quadrat
....
kare

rectangle
....
rektang

triangle
....
triang

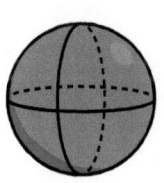

esfera
....
sfer

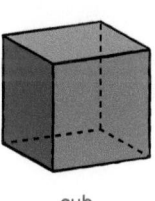

cub
....
kib

colors

bann kouler

blanc

blan

groc

zonn

taronja

oranz

rosa

roz

vermell

rouz

lila

mov

blau

ble

verd

ver

marró

maron

gris

gri

negre

nwar

molt / poc

boukou / enn tigit

emprenyat / tranquil

ankoler / kalm

bonic / lleig

zoli / vilin

començament / fi

koumansman / lafin

gran / petit

gro / tipti

clar / fosc

kler / obskirite

germà / germana

frer / ser

net / brut

prop / sal

complet / incomplet

konple / inkonple

dia / nit

lizour / lanwit

mort / viu

vivan / mor

ample / estret

larz / sere

comestible / immenjable

komestib / inkomestib

dolent / amable

move / bon

entusiasmat / entediat

exsite / agase

gros / prim

gra / mins

primer / darrer

premie / dernie

amic / enemic

kamwad / lennmi

ple / buit

ranpli / vid

dur / tou

dir / mou

pesant / lleuger

lour / leze

gana / set

fin / swaf

malalt / sà

malad / bien

il·legal / legal

ilegal / legal

intel·ligent / ximple

intelizan / kouyon

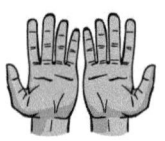

esquerra / dreta

gos / drwat

prop / llunyà

pre / lwin

nou / usat

nouvo / ize

res / quelcom

nanye / kiksoz

vell / jove

vie / zenn

encès / apagat

demare / arete

obert / tancat

ouver / ferme

silenciós / sorollós

trankil / for

ric / pobre

ris / pov

correcte / incorrecte

bon / move

aspre / suau

brit / lis

trist / content

tris / zwaye

curt / llarg

kourt / long

lent / ràpid

lan / rapid

humit / sec - eixut

tranpe / sek

calent / fred

so / fre

guerra / pau

lager / lape

0

zero

zero

1

u

enn

2

dos

de

3

tres

trwa

4

quatre

kat

5

cinc

sink

6

sis

sis

7

set

set

8

vuit

wit

9

nou

nef

10

deu

distribiter biye

11

onze

onz

12

dotze

douz

13

tretze

trez

14

catorze

katorz

15

quinze

kinz

16

setze

sez

17

disset

diset

18

divuit

dizwit

19

dinou

diznef

20

vint

vin

100

cent

san

1.000

mil

mil

1.000.000

milió

milyon

anglès

Angle

anglès americà

Angle Lamerik

xinès mandarí

Mandarin Sinwa

hindi

Hindi

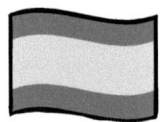

espanyol

espagnol

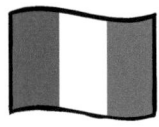

francès

Franse

àrab

Arab

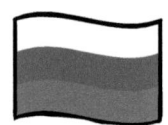

rus

Ris

portuguès

Portige

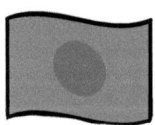

bengalí

Bengali

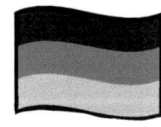

alemany

Alman

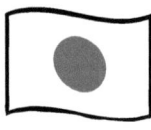

japonès

Zapone

jo

mo

tu

to

ell / ella / allò

li

nosaltres

nou

vosaltres

ou

ells

zot

qui?

kisana?

què?

kiete?

com?

kouma?

on?

kotsa?

quan?

kan?

nom

nom

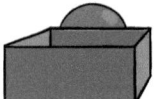

darrere

deryer

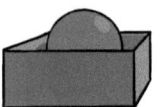

en

dan

davant de

devan

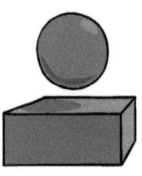

damunt

lor

sobre

lor

sota

anba

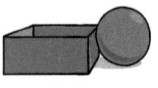

al costat

akote

entre

ant

lloc

plas